FEDERICA PALA

NON VEDO L'ORA DI DIMENTICARTI PER SEMPRE

instapoeti

NON VEDO L'ORA
DI DIMENTICARTI PER SEMPRE

ISBN: 979 12 80 04 00 15

Editing di Tina Venturi
Progetto grafico di Andrea Nebbioso

Pubblicato in Italia da Instapoeti
brand editoriale di Alise Editore Srl
Via Torino 2, 20123 Milano
www.instapoeti.it, mail@instapoeti.it
Tel. 02 5656 9586

A te, ovunque tu sia, chiunque tu sia.
E a voi che avete creduto alle mie slavate parole.

Federica

Mi piace la stanza invasa da parole.

Tutti quei libri che mi guardano, tutte quelle lettere che raccontano. Amo aprire un libro ed entrare in una storia, diversa dalla realtà.

Non sempre realizzare un sogno nel cassetto è così semplice, anzi, è un'infinita corsa a ostacoli, ma la meta vale la fatica. Vorrei scrivere anch'io un insieme di frasi che racchiudano il libro della mia vita. Tutte le parole sono carne, carne viva che respira; la poesia è carne. Ogni tipo di metrica, di accento, di lettera provoca una sensazione diversa.

È che siamo tutti così incredibilmente differenti, e trovare le parole giuste e universali non è possibile. Allora forse parlerò solo dei miei viaggi nelle parole, e del perché curo le mie malattie con l'inchiostro.

Io e il mio foglio bianco, la magia per la prima volta.

Scrivi e succede, basta scrivere e il mondo può cambiare.

Si diventa scrittori per necessità, si diventa scrittori per vivere.

Io scrivo perché toccare l'amore ha fatto di me una scrittrice in erba e, fortunatamente, anche una persona.

Io scrivo perché senza penna fa freddo dentro di me. Io scrivo perché le parole sono così infinite in me. E spero che la mia debolezza renda forte qualcun altro.

Ho immaginato *te* sull'orlo di un dirupo e una mia frase che ti tirava su, perché la migliore letteratura è quella che salva la vita.

Ma chi ha detto che le mie scialbe parole debbano piacere a tutti?

Le parole sono un'arma pericolosa, eppure sono la vita, la luce, il vento, l'oscurità, le parole sono tutto e io inchiostro.

Quando imparerò a scrivere meglio, prometto che scriverò qualcosa degno di essere letto.

Il dramma di uno scrittore è che c'è sempre qualcosa da scrivere, ed è anche la sua fortuna, non ha senso, ma è bello così.

Forse scrivere è la vittoria possibile. Scrivere è il modo migliore di piangere.

Se non ci fosse dolore non ci sarebbero i poeti, e non ci sarei neppure io.

Nessuna frase con la quale sono stati rovinati
questi fogli ha una logica con la precedente
o la successiva. O forse sì.
Disordine.

C'era una volta.

È così che vorrei iniziare a raccontarti la mia favola, ma sembrerei sciocca, mi sembrerebbe di fingere di essere una scrittrice. Perché, che sia chiaro, non sono una scrittrice, vorrei, ma non lo sono... almeno per ora.

Però, se ti è capitato di risorgere e tornare a vivere più forte di prima dopo una grande delusione d'amore, stai leggendo le pagine giuste. Pagine scritte con sudore e lacrime, le mie, ma anche quelle di tutti *voi*. Sì, perché l'amore non sempre è solo bello, l'amore va vissuto anche quando fa male, anche quando vorremmo scappare.

E ringrazio Dio per averlo vissuto tutto, perché se ora sono qui è grazie a Lui.

Amate, piangete e amate di nuovo. Non fatevi ingannare da chi parla dell'amore solo con le belle parole, credete solo a ciò che vive dentro di voi.

Comunque spesso dormo con i tuoi vestiti,
anzi, direi sempre.
Questo potrebbe essere il primo segreto
che ti racconto.
Il secondo è che ti amo.
Anche se in realtà non ho idea di cosa sia l'amore,
ma sicuramente assomiglia al tuo sorriso.

MORTE
/mór•te/
cessazione delle funzioni vitali, in me,
da quando sei andato via

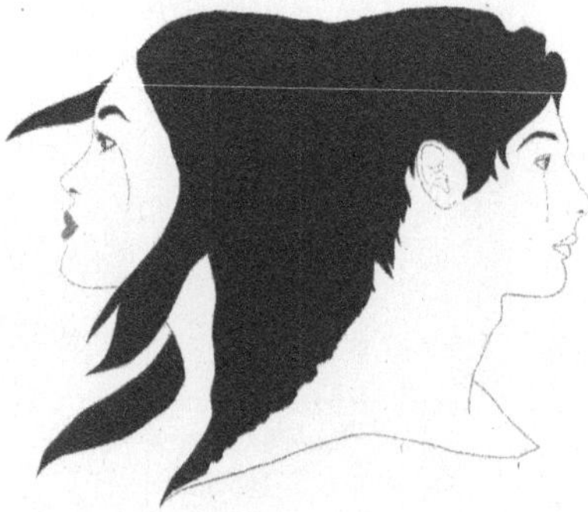

30 GIORNI
DA QUANDO SEI ANDATO VIA

Sapevo che te ne saresti andato.

L'ho capito da come mi hai toccato la prima volta, dal tuo sguardo pieno di vuoti, troppi.

Ho pensato che sarei stata capace di farti sentire completo.

Come quando tua madre ti dava il suo seno e non avresti voluto più staccarti.

Come quando tuo padre ti ha appoggiato al suo petto per la prima volta e ti sei convinto che sarebbe stato così per sempre.

Ho pensato che sarei stata capace.

Scusa, scusa se non sono stata all'altezza.

È che questo mondo schifoso è stato troppo crudele con te, non ti voleva oppure ti voleva a modo suo.

Scusa.

36 GIORNI
DA QUANDO SEI ANDATO VIA

Finalmente ho capito.
La tua prigione
è quella finestra,
la finestra della tua maledetta camera.
Dove sono nascosti i tuoi mostri,
ma va bene così.
Se mai volessero uscire
li tratterresti dentro.
Nessuno accetta la parte inquietante
fragile
spaventata
di te.
E quindi ho capito,
ho capito che va bene così.
Sono innamorata della tua finestra
che ti tiene chiuso
lì dentro.
Vorrei tanto vivere con le nostre paure
nella tua prigione.

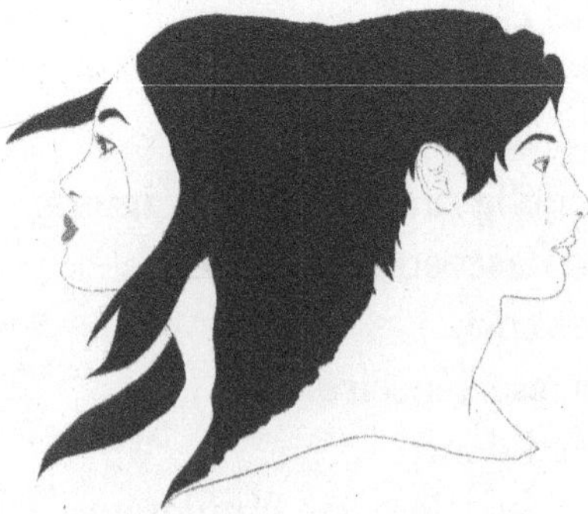

42 GIORNI
DA QUANDO SEI ANDATO VIA

Odiavo quando ti arrabbiavi.
Il tuo naso si storceva
gli occhi si facevano piccoli piccoli
il cuore batteva forte
quasi vedevo il tuo petto muoversi.
Odiavo quando ti arrabbiavi
volevo scappare, ma poi sarei stata come tutti gli altri.

Quindi rimanevo lì, ti guardavo e aspettavo che passasse.

Lo sapevo che non eri arrabbiato con me, lo sapevo che era la tua vita che ti faceva arrabbiare, lo sapevo che non controllavi quel mostro che si nascondeva lì, dentro di te.

Ogni tanto ci parlo ancora, con il tuo mostro intendo, non è così male, oppure sono accecata dall'amore.

Però me l'ha detto che soffrite tanto, che avete bisogno d'amore, tu e il tuo mostro, intendo.

Sono disposta ad amare entrambi se prometti che non te ne vai.

«Non me ne vado, te lo prometto» dicevi.

Dicevi.

Dicevi.

49 GIORNI
DA QUANDO SEI ANDATO VIA

Chissà se la ami.
La ami?
Non rispondere, mi uccideresti.
La guardi come guardavi i miei occhi,
così intensamente
mentre
mi sfioravi le mani
dopo aver fatto l'amore?
Fa male pensare che il tuo cuore è guarito da me.
Il nostro amore rifiutava i vestiti
ed era giusto così.
Quando torni?
Io ti aspetto
qui
dove mi hai lasciato.
Lo so che noi due insieme facciamo male
ma era bello amarci, no?

Fa più male stare senza noi,
fa più male di morire,
forse sono morta quando mi hai lasciato.
Ma lo so, tranquillo,
lo so che non t'importa.

54 GIORNI
DA QUANDO SEI ANDATO VIA

Ti ricordi il giorno del mio compleanno?
Perché io il tuo me lo ricordo,
ogni anno
quel giorno
quel giorno che tu tanto odi
io ti penso
più forte che posso.
Penso a tutte le persone che incontri
quelle a cui sorridi
quelle a cui «grazie per gli auguri»
e poi?
E poi chi dorme con te?
Chi accarezza le tue ferite?
Chi ferma le tue paranoie?
Chi ferma il mostro?
Chi ferma le urla?
Chi ferma le lacrime?
Chi ti protegge da te stesso?
Ti ricordi il giorno dei saldi?

È sempre stato il tuo giorno peggiore.

Il giorno in cui dovevi stare con i tuoi, girare per negozi e fare finta che andasse tutto bene.

Nei tuoi giri mi scrivevi quanto ti scocciava, e quanto avresti preferito stare nel letto con me.

Quanto avrei voluto raggiungerti, perché non l'ho mai fatto?

Perché ti ho lasciato andare e non ti ho rincorso più veloce?

Perché sono finita a scrivere per sentirmi vicino a te?

L'amore dovrebbe essere tutto rosso,

tutto luminoso e invece noi

sopprimiamo, ci nascondiamo, ci odiamo e ci amiamo all'infinito.

Non vedo l'ora di dimenticarti per sempre.

Dimenticare il tuo profumo che ancora riempe ogni parte di me, le tue mani piccole e lisce, i tuoi occhi misteriosi, le labbra morbide, i capelli scarmigliati e le giornate a fare tutto quello che ci passava per la testa.

Tornerò a prenderti, ora non è il momento, ma aspettami, tornerò a prenderti.

55 GIORNI
DA QUANDO SEI ANDATO VIA

Ci sono canzoni che fanno solo rumore quando hai la mente occupata, hai presente?

Come quando avevo mille cose da fare ma la mente era troppo occupata ad amarti.

Oppure quando te ne stavi andando ma avevo la mente troppo occupata ad amarti per accorgermene.

L'ho capito troppo tardi.

Eri già molto lontano.

Certo, avrei potuto correre, ma ho pensato che saresti stato meglio così, che stupida.

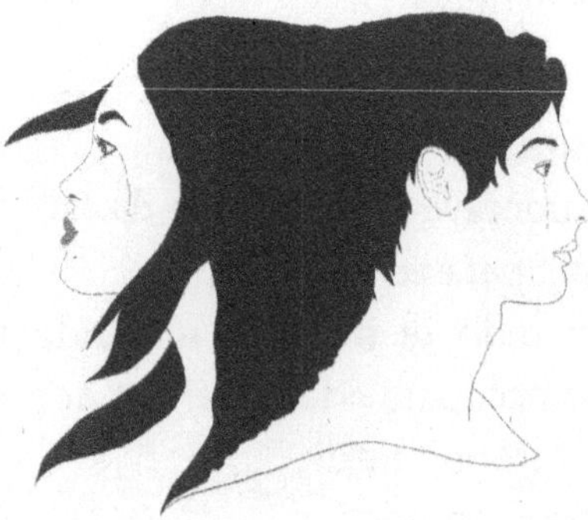

61 GIORNI
DA QUANDO SEI ANDATO VIA

Oggi ti ho visto
seduto alla fermata dell'autobus
avevi la tua felpa nera
e quelle cuffie che porti sempre con te.

Non sei cambiato
i tuoi occhi
sono sempre la mia bussola;
la tua bocca
continua a essere l'opera d'arte più bella
il tuo naso
delicato
quasi ridicolo sul tuo viso.

Ho pensato
a tutte le volte che mi sfioravi la mano
e io che sorridevo invasa dai brividi.

Sei il vincitore di questa guerra tra noi
tu sorridi e sei felice
io continuo a cercare te negli occhi degli altri.

Ma lo so che un giorno ti dimenticherò
e forse è proprio quel giorno che ti avrò perso per sempre.
Per ora l'autobus ti ha appena portato via dai miei sogni.
Addio per adesso.

64 GIORNI
DA QUANDO SEI ANDATO VIA

Mi hai insegnato che l'amore è una bestia feroce che annienta piano piano.

Mi hai insegnato che quando è troppo forte è meglio sopprimerlo.

E io ci ho provato.

Ci ho provato a ignorarlo, ma i pensieri riaffiorano e io non posso più combatterlo.

Sei il dolore più grande che la vita mi sta dando, ma sei l'unica cura.

Lo so che è impossibile quello che abbiamo noi, lo so che fa male.

Non basta una vita per cancellarti e io sono (quasi) stanca di aspettare.

Non voglio più che sia il tempo a fare il suo corso, voglio farlo io.

Esci e dimmi che non te ne vai più.

E chiudi la porta.

70 GIORNI
DA QUANDO SEI ANDATO VIA

Avrei voluto farti smettere di sentirti meno degli altri, mi faceva male vederti così piccolo in mezzo alla gente.

Lo so quanto sei grande o, almeno, lo sapevo, ora non so neanche dove sei, in realtà.

Comunque la tua voce mi faceva, anzi, mi fa ancora scoppiare il cuore.

Ogni tanto, almeno una volta al giorno, due nelle giornate difficili, ascolto i tuoi vecchi messaggi vocali:

«Ti amo Fede, non vedo l'ora di fare l'amore con te e farti sentire quanto ti voglio. Buonanotte e sogni d'oro».

«Sono in macchina, cinque minuti e sono tuo per sempre».

Pensi che io sia matta vero?

Forse un pò, ma dormo meglio quando sento la tua voce.

80 GIORNI
DA QUANDO SEI ANDATO VIA

Ti piace la sua voce?
Ti piace quando ti tocca?
Ti piace il suo profumo?
Aspetta.
Non devi per forza rispondere, anzi, non farlo proprio.
Potrei crollare.

«Nessuna potrà mai prendere il tuo posto».
Bugiardo.
Io ci ho creduto, a ogni parola, a ogni bacio.
Anche a lei canti le sue canzoni preferite quando siete a letto?
La guardi dormire?

Ti ricordi come prendo il caffè?
Il mio gelato preferito?
Ti ricordi come guido?
Ti ricordi cosa mi piace mangiare?
O cosa bevo?

Ti ricordi chi sono?

89 GIORNI DA QUANDO SEI ANDATO VIA

Perdono quasi sempre chi mi fa del male.

Tranne te.

Tu non mi hai fatto del male, tu hai preso vita da me e poi sei sparito, come i fiori in autunno.

Senza dire una parola, senza chiedermi cosa ne pensassi.

Di solito prendevamo insieme le decisioni.

Perché questa volta hai fatto tutto da solo?

Perché?

Ti avrei detto che non ero d'accordo.

Ti avrei detto che la mia vita senza di te non è vita.

95 GIORNI
DA QUANDO SEI ANDATO VIA

Oggi, per la prima volta da quando sei andato via, ho pianto.

È stato bellissimo.

Sentivo da settimane le lacrime incastrate tra il cuore e la gola, anche loro pensavano saresti tornato.

Noi ti stiamo aspettando.

Non importa con chi sei stato, dimenticheremo tutto insieme.

Non importa perché sei andato via, basta che torni.

La casa sa ancora di te, c'è il tuo profumo ovunque.

E il nostro letto è troppo grande per una persona sola.

Si è rotto lo stereo, quando vieni a ripararlo?

Ti prego, vieni ad aggiustare lo stereo e poi aggiusta anche me e ricominciamo da zero.

101 GIORNI
DA QUANDO SEI ANDATO VIA

Come mi avevi approcciato la prima volta che mi vedesti?

Ah, si, ricordi?

«Ciao, puoi smettere di sorridere? Sai, altrimenti diventa impossibile non guardarti».

Che sfacciato! È questo che dicono le persone che stanno per stravolgere la tua esistenza?

Potevi almeno avvisarmi che mi avresti amato così tanto e poi saresti andato via.

130 GIORNI DA QUANDO SEI ANDATO VIA

Non sono più arrabbiata.

Sto cercando di andare avanti.

Ho cambiato casa.

Tranquillo.

Le tue cose sono tutte in una scatola, se ti venisse in mente di tornare.

La nuova casa non ha il tuo odore, almeno non mi sveglio più in piena notte in preda ad attacchi di panico.

Ho un letto singolo, così non ho la tentazione di cercarti con la mano.

C'è solo un asciugamano in bagno, ci sono uno spazzolino e un accappatoio.

Ultimamente faccio i doppi turni al lavoro, è un modo per avere meno tempo per pensarti, mi capita sempre meno spesso.

Sto andando avanti.

150 GIORNI
DA QUANDO SEI ANDATO VIA

Ho cinque cose da dirti.

La prima è che oggi mi sono vista con un altro, ne avevo bisogno.

La seconda è che ho pensato a te mentre ero con lui.

La terza è che forse ti amo ancora.

Quattro. Ho iniziato a fumare il tuo stesso tabacco, mi lascia il tuo sapore, mi sembra di averti appena baciato.

Cinque, dove sei, dove sei finito?

182 GIORNI
DA QUANDO SEI ANDATO VIA

Sono le 2:47 del mattino e non riesco più a dormire senza di te.

Sta squillando il telefono.
A quest'ora?

Sei TU.

182 GIORNI e 1/2
DA QUANDO SEI ANDATO VIA

Mi sono addormentata con te al telefono.

Volevi sapere come stavo.

Non puoi farmi questo però.

O torni o vai via per sempre.

Hai detto che in settimana vieni a prendere le tue cose, se poi vuoi rimanere per me va bene.

198 GIORNI
DA QUANDO SEI ANDATO VIA

Ti ricordi quando abbiamo cantato
fino a perdere la voce
in quel prato?
Ti ricordi come mi tenevi stretta?
Ti ricordi che tutto era più semplice?
Ti ricordi?
Perché io non riesco a dimenticarlo.

Ti ricordi quando ti rubavo la felpa per sentirti addosso?

O quando abbiamo riso fino a piangere?

202 GIORNI
DA QUANDO SEI ANDATO VIA

Volevo dirti che non è che prendo la penna quando mi annoio.

Lo faccio quando sento che sta per arrivare
lui,
l'attacco di panico.
Lo faccio quando sento il cuore in gola
la tachicardia
il sangue freddo
i brividi nella schiena.

Lo faccio perché così mi sembra tutto come una volta: io che scrivo e tu che mi guardi.

Però ci provo
a sopravvivere, intendo.
Se poi tu volessi tornare a farmi vivere
la porta è sempre aperta.

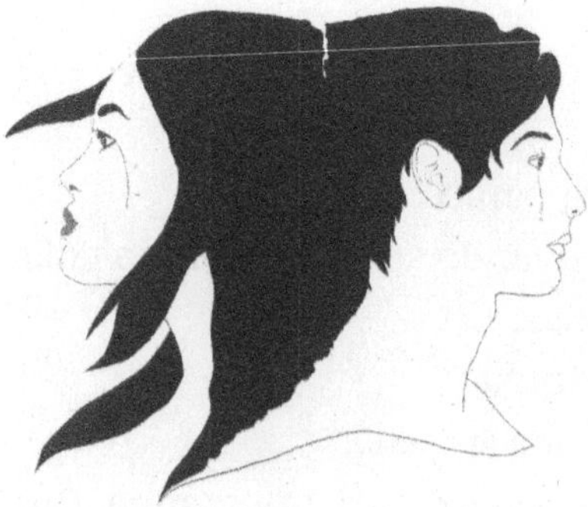

210 GIORNI DA QUANDO SEI ANDATO VIA

Non sei mai stato una di quelle persone che si nota in mezzo alla folla.

Ti piace vivere nascosto
da tutti
ormai anche da me.
Anche se,
voglio essere sincera,
io ti vedo ancora
nei paesaggi
nelle persone che incontro
nel barista che ogni mattina mi fa il caffè
nei fogli
nelle penne
nelle lacrime
nella pasta a pranzo
negli autobus
dentro di me.
Lontano.

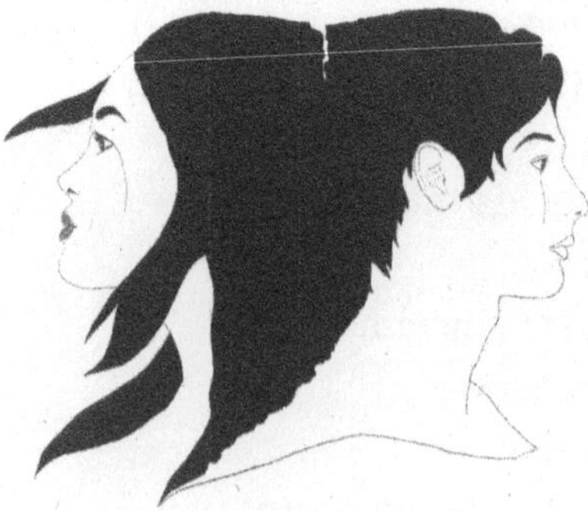

215 GIORNI DA QUANDO SEI ANDATO VIA

Ancora altri cinque minuti e poi smetto di piangere, promesso.

È che hai preso una decisone troppo affrettata.
Non dovevi smettere di farmi sentire piena di vita.
Non era il momento di andare via.

«Ci ameremo fino alla fine» dicevi.

Ma non mi hai detto fino alla fine di cosa.
Forse fino alla nostra,
di fine.

Potevi essere più chiaro.
Mi sarei preparata
ti avrei baciato più spesso
avrei fatto l'amore con te più spesso.
Ti avrei urlato: «Ti amo» un'ultima volta.
Mentre te ne andavi ti sei mai voltato indietro?

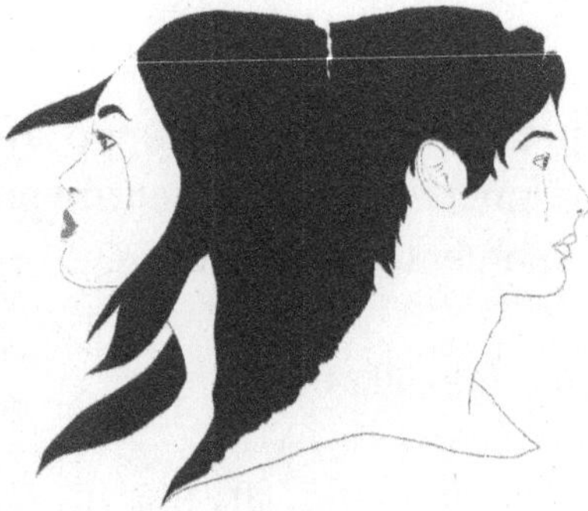

228 GIORNI
DA QUANDO SEI ANDATO VIA

Chiamami e ti racconterò cosa vuol dire vivere senza di me.

Perchè senza di te io non esisto.

231 GIORNI
DA QUANDO SEI ANDATO VIA

Se quando mi pensi non ti salgono i brividi lungo la schiena è perché ti stai dimenticando di me.

Non farlo ti prego.

Non dimenticare.

Non lasciarmi andare.

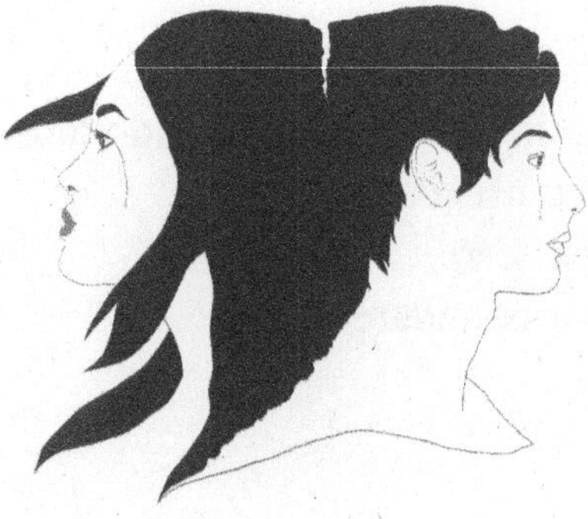

235 GIORNI
DA QUANDO SEI ANDATO VIA

Chi l'avrebbe mai detto che dopo quel giorno ci saremmo amati per sempre?

Per sempre intendo fino a che non è finita, se è finita.

Forse stai valutando l'idea di tornare.

Ieri quando sei venuto a trovarmi avevi lo stesso sguardo di quando mi amavi.

Ti faccio pena o volevi vedermi?

«Volevo solo sapere come stavi» hai detto.

Io voglio sapere se ti manco.

È che ho questo vizio mostruoso di ricordare ogni piccolo dettaglio, anche se a te piaceva da morire.

Ti faceva sentire amato che mi ricordassi l'orario dell'autobus con cui andavi al lavoro

o che mi ricordassi quale panino del Mc eri solito prendere

o che mi ricordassi le parole delle canzoni che scrivevi per divertirti
o che mi ricordassi il profumo
di te
che mi avvolgeva.
Vorrei imbottigliarlo,
il tuo profumo
intendo,
per metterlo quando sto per crollare e sentirti lì
a un passo da me.

250 GIORNI
DA QUANDO SEI ANDATO VIA

Te.

Amare.
Vivere.
Fare la doccia con chi ami.
Te.
Orgasmo.
Cantare fino a perdere la voce.
Leggere un libro.
Te.
Sentirti cantare.
Mangiare da McDonald's.
Dormire finché vuoi.
Te.
Fare l'amore.
Ridere.
Scrivere.
Te.
Fumare tabacco in giardino alle tre di notte.
Il rumore della tastiera quando scrivi.
Continuare a fare l'amore.
Te.

270 GIORNI
DA QUANDO SEI ANDATO VIA

Il mondo non è finito con noi.
O, meglio,
il mio sì,
però fuori è tutto uguale a quando c'eri.

Dicevi sempre che un giorno saresti diventato famoso
non ho mai capito
ma a te importava,
e se, t'importava.
Volevi spaccare
infatti
alla fine hai spaccato
me.

Non ti accontentavi mai
volevi sempre di più
come se fosse un gioco a premi
ma la vita non è un gioco

non vinci
non perdi
o, almeno, dipende
per esempio io
ho perso te.

283 GIORNI
DA QUANDO SEI ANDATO VIA

È il mio compleanno.
Il primo da quando sei andato via.
Il primo da quando non sorrido più.
Mi hai scritto gli auguri.
«Auguri» e poi niente più.
Nero.
Buio.
Stronzo.
Torni?

295 GIORNI
DA QUANDO SEI ANDATO VIA

Amo la versione di te dopo le tre di notte.
Qualche volta
da quando sei andato via
in momenti di nostalgia
ci siamo sentiti.
Ma sempre e solo di notte.
Solo di notte ti ricordi quanto ci siamo amati.
Quando il buio ti logora il petto e ti stringe il cuore.
Quando i pensieri rimbombano dentro.
Quando rimanere con te stesso ti fa troppa paura.
Così qualche volta mi hai chiamato, mi hai ricordato quanto sia difficile vivere senza te, e poi hai attaccato.
Vuoto.
Stronzo.

300 GIORNI
DA QUANDO SEI ANDATO VIA

Sto cercando di guarire.

Anche se non è vero che il cuore guarisce, lascia solo andare una parte di sé.

Il mio cuore ci sta provando
a lasciarti andare, intendo.
Non è così facile come dicono.
«Il tempo guarisce tutto».
Chi ha detto questa stronzata?
Penso di non essere ancora in grado di lasciarti andare
come hai fatto tu.

Potevi restare altri cinque minuti.

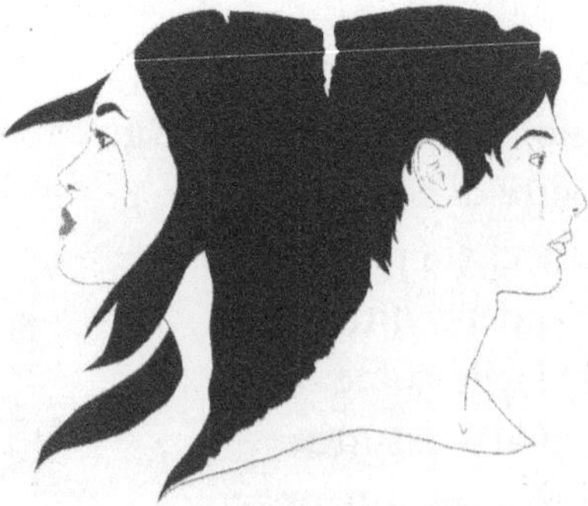

320 GIORNI
DA QUANDO SEI ANDATO VIA

Da 320 giorni a questa parte cerco di compiacere chi mi sta intorno.

Dicono che il bisogno di compiacere nasce dalla paura di perdere.

Effettivamente ho paura di perdere
di perdermi
in realtà.
Solo tu sapevi riportarmi sulla retta via.
Quella maledetta retta che mi portava
direttamente a te
in te
con te
su di te.
Ora cos'è?
Una parabola?
Un'iperbole?
Un'ellisse?
Un cerchio?

342 GIORNI
DA QUANDO SEI ANDATO VIA

Un giorno
avevi una felpa nuova,
ti stava bene il verde.
Suonavi la chitarra
e cantavi una tua canzone.
Dicevi che non era per me
ma i tuoi occhi non erano d'accordo.

Eri così adorabile quando nascondevi i tuoi sentimenti
ma non ce n'era bisogno.

Avrei voluto dire ai tuoi occhi
spesso tristi
che avevo voglia di farli sorridere
per farti dimenticare il dolore
il dolore
quel dolore
quello che viveva in te

da sempre
quello che nessuno avrebbe mai guarito
solo tu
tu
e forse l'amore
di tua madre
di tuo padre.

350 GIORNI
DA QUANDO SEI ANDATO VIA

Ti chiedevi sempre dove fosse l'amore
l'amore dei tuoi genitori
l'amore nella tua famiglia.

Ti chiedevi sempre se
un giorno
saresti stato all'altezza
di non far sentire solo tuo figlio.

Ti chiedevi sempre se eri tu
a essere sbagliato.

Come quando t'incantavi a guardare i bambini correre
e i loro padri
e le loro madri
che gli andavano dietro.

Avresti voluto anche tu
che tuo padre
che tua madre
ti rincorressero
ti regalassero
un bacio
un abbraccio
un sorriso.
Avresti voluto anche tu
essere un figlio felice.
Avresti voluto.
Avresti.

356 GIORNI
DA QUANDO SEI ANDATO VIA

Ricordo tutto
    dettagli
    parole
    sguardi.

E ogni ricordo
piccolo
o grande che sia
è sale sulla pelle viva.

Il primo bacio
quando arrivasti
in bici
e mi dicesti che il freddo ti aveva congelato le mani.

Ricordo tutto
la prima volta
nudi
imbarazzati

freddi
caldi
nel buio
i sorrisi
i baci
e in un attimo
tu dentro di me
per sempre
o quasi.

365 GIORNI
DA QUANDO SEI ANDATO VIA

Un anno
un fottuto
anno
senza te
dentro di me.

«Beh, ciao anche a te».

378 GIORNI DA QUANDO SEI ANDATO VIA

Natale.
Natale.
Sto per alzarmi dal letto
andrò in salotto
e ti troverò vicino all'albero
con il tuo sorriso
stupido
adorabile
con un regalo tra le mani
poi ti dico che non era necessario
perché tu sei il mio regalo
tu mi baci
sorridi
e facciamo l'amore.
Andrà così, vero?

«Buon Natale».
«Anche a te».
Siamo ridicoli, non credi?

389 GIORNI
DA QUANDO SEI ANDATO VIA

Qualche volta
ti penso
qualche volta durante la giornata, intendo
e mi chiedo
come si vive
sentendosi così
piccoli
in un mondo di giganti.
Tu eri così piccolo
grande
piccolo
cuore.
Eri il mio mondo
il mio
piccolo
mondo.
Ti fa ancora paura parlare di te?
Ti fa ancora paura sorridere con gli altri?

400 GIORNI
DA QUANDO SEI ANDATO VIA

Nessuno lo dice mai
ma qualche volta
dimenticare
tornare a sorridere
fa più male della ferita.
Vorrebbe dire dimenticarti
vorrebbe dire non sentire più il tuo odore tra la gente
vorrebbe dire non cercarti più nei sorrisi degli altri
vorrebbe dire vivere
ma vivere senza te
e io non voglio.
Preferisco ammalarmi di te che guarire con chiunque altro.

425 GIORNI DA QUANDO SEI ANDATO VIA

Ti ho visto
con lei
seduto in quel pub
quello che piaceva a noi.
Non eri così felice
gli occhi spenti
braccia conserte
piedi uno sopra l'altro.
Classica posizione di chi non è felice.
Lo dice la scienza.
«Piacere Scienza».

440 GIORNI
DA QUANDO SEI ANDATO VIA

Il problema è che tu sei tu.

E non c'è paragone con il resto delle persone.

Ci sono state
e ci sono
altre persone nella mia vita,
ma nessuno
come te
si è incastonato nel mio cuore
nessuno
come il tuo: «Potrei stare ore e ore qui senza mai parlare»;
nessuno
come il tuo: «Potrei stare fermo solo con te addosso».

E anche se le tue promesse si sono dimenticate chi sono.

Io però me le ricordo tutte
così quando tornerai
perché sì, tu tornerai,
io ti aiuterò a mantenerle.

462 GIORNI DA QUANDO SEI ANDATO VIA

Le nostre menti si sono toccate sin dal primo giorno.
Hanno fatto l'amore più di noi.
Non c'era bisogno di dire una parola
quando tu
guardavi me
io avevo già capito tutto.
Ed era bello così, senza troppe parole.
La verità è che ci siamo persi
e non sono brava a rimettere insieme i pezzi.
Sono piena di giornate storte
da quando tu non le rendi belle.
La verità è che siamo due strade opposte
che s'incrociano nei nostri sbagli.
La verità è che non è più tempo per noi.
Vorrei andare dove non c'è tempo.
Vorrei non aver detto che mi manchi.
Però mi manchi.

494 GIORNI
DA QUANDO SEI ANDATO VIA

Non ci ho capito niente neanche oggi.
Sono le tre di notte e forse sto morendo
di paura.
L'ansia mi sta uccidendo
l'ansia di farcela
senza te.
E anche questa volta non sei qui
a fermare il panico
a fermare le lacrime
a fermare le parole.
Come quando mi baciavi per farmi stare zitta.
Sono logorroica, lo so.
Ma non ho più le forze di soffocare nei tuoi "forse".
E anche questa volta non sei qui.
Per la verità non ho idea di dove tu sia,
con chi tu sia.

503 GIORNI
DA QUANDO SEI ANDATO VIA

Non posso augurarti la felicità
sarei incoerente
perché volevo essere io
la tua felicità, intendo.
E non mi va proprio bene che sia qualcun'altra
questo no
tutto
ma, ti prego,
non sorridere a lei come sorridevi a me.
Non so se potrei perdonartelo quando tornerai
perché tornerai
vero?

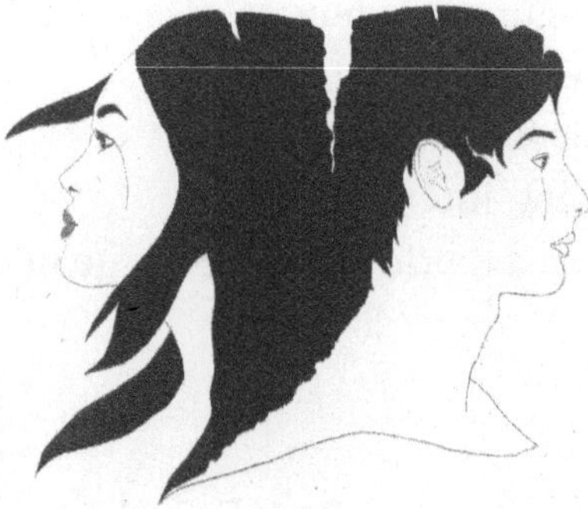

524 GIORNI
DA QUANDO SEI ANDATO VIA

Un giorno ti ho chiesto cosa volessi fare da grande.
«L'artista» rispondesti.

La vita non sbaglia mai.

Eri arrivato per rendere tutto un'opera d'arte
che poi
forse
ci sei riuscito
ancora non lo so.

Noi eravamo un po' una canzone
non di quelle classiche
uguali a tutte le altre
ma le tue.

Quelle che scrivevi per me.
Ti ricordi?

Quelle in cui parlavi di birre
sigarette
sesso.

Nessuno capirebbe che per me erano le canzoni d'amore con più amore in assoluto
vero
divertente
soprattutto
divertente.

547 GIORNI
DA QUANDO SEI ANDATO VIA

Per favore
di' a tua madre
di' a tuo padre
che hanno partorito
l'amore.
Di' loro che con te anche la noia era eccitante.
Di' loro che non è vero che nella vita non farai nulla.
Per prima cosa
mi hai amato
come Jimi Hendrix ha amato la sua chitarra.
Di' loro che sarai un ottimo padre.
Di' loro che tu l'amore lo vivi
lo hai vissuto
e lo vivrai.
Spero con me.

569 GIORNI
DA QUANDO SEI ANDATO VIA

È finita perché non eravamo pronti ad amarci senza fine
quindi
nel frattempo
io mi sto preparando
che non si sa mai
magari ti viene in mente
di tornare,
intendo.

È finita perché non eri pronto a dire addio a tutte le tue paure.

È finita perché tutto questo amore ti ha travolto e tu non sei stato capace di domarlo.

È finita perché hai preferito andare via piuttosto che lottare.

593 GIORNI
DA QUANDO SEI ANDATO VIA

Lo so che qualche volta ti viene voglia di piangere.
Lo so che non è facile neanche per te
vivere
sapendo che l'amore
non è con te.
Lo so che non è stata cattiveria la tua.
Lo so che per te è difficile.
Lo so che ci hai provato.
Lo so.
E tu lo sai?
Che ti amo, intendo.
Lo sai che se torni tu
io torno a vivere?

610 GIORNI DA QUANDO SEI ANDATO VIA

Do via una vita di amore in cambio dell'amore della vita.

E se l'amore
quello forte
quello travolgente
esiste
è perché doveva andare così.
Perché solo chi è capace di rompersi in mille pezzi
è capace di amare per intero.

631 GIORNI DA QUANDO SEI ANDATO VIA

Ti ho visto con i tuoi amici.

E volevo ricordarti che il mostro non lo uccidi se ti fingi felice.

Perché lo so che non sei felice.

Quando sei felice
di solito
ti vesti colorato
hai le cuffie che sbucano dalla tasca dei jeans
hai le scarpe allacciate male
i capelli scarmigliati
e la maglietta fuori dai pantaloni.

Quando non sei felice
invece
sei tutto in ordine
perché pensi che così possa notarsi di meno
che così

agli occhi degli altri
sembra che vada tutto bene.
Ma non a me
a me
non puoi nascondere niente.

643 GIORNI
DA QUANDO SEI ANDATO VIA

Volevo chiederti
se non è troppo disturbo
potresti
ridarmi i pezzi di me che ti sei portato via?
Sai
vorrei tornare a essere intera.

658 GIORNI
DA QUANDO SEI ANDATO VIA

Ciao, mi conosci?
Io sono te
sono i tuoi pensieri nascosti
le tue grandi paure
i tuoi diari
le tue pagine strappate
e buttate nel cestino.
Sono tutti i tuoi fallimenti
i giorni persi
le lacrime versate
ma anche tutte le vittorie
i sorrisi
i giorni belli.
Sono la parte vera di te.

Anche a questa parte di me manchi tu.

669 GIORNI
DA QUANDO SEI ANDATO VIA

Ti senti bene?
Sai, perché io spesso sento un buco nel petto
un foro
un vuoto
enorme.
Non mi manchi tu
esattamente
mi manca quello che eravamo
quello che mi facevi essere.
Io con te mi sentivo un'artista.

680 GIORNI
DA QUANDO SEI ANDATO VIA

Sono un'artista da quando tu sei diventato la mia poesia.

Perché quando scrivo pensando a te anche la lista della spesa verrebbe in versi.

Hai presente?
Fai conto che ogni parte di te sia una poesia.
Ho così tanta voglia di leggerti
di sottolinearti
di ricordarmi
le rime
le lettere
gli accenti.
Ho così tanta voglia di scriverti.
Tu sei la mia poesia.
Ma loro sono analfabeti
perdonali.

690 GIORNI DA QUANDO SEI ANDATO VIA

Qualcuno un giorno mi disse che siamo quasi interamente fatti di quello che perdiamo.

Quindi
se la mettiamo così
io dovrei essere
interamente
fatta di te
del tuo sorriso
dei tuo occhi
della tua voce
delle tue mani
del tuo profumo.

700 GIORNI
DA QUANDO SEI ANDATO VIA

Qui nessuno crede in me
come lo facevi tu.
Qui nessuno mi ama
come lo facevi tu.
Qui nessuno mi capisce
come lo facevi tu.
Qui nessuno sta dentro di me
come lo facevi tu.
Qui
nessuno
è te.

710 GIORNI
DA QUANDO SEI ANDATO VIA

Posso dirti una cosa?
Magari
magari
magari un giorno leggerai tutto
anche se ne dubito
non ho tutto questo coraggio
e penserai:
“Che stupido”.
O forse sarai troppo stupido per pensare.
Dipende.

719 GIORNI
DA QUANDO SEI ANDATO VIA

È un po' come questo cielo
 che se lo guardo
 non mi sembri poi così lontano.
 Però adesso basta giocare a nascondino.
 Ti va se cambiamo gioco?
 Ti va se «un, due, tre, stella» mi giro e ci sei tu?
 Ti va se giochiamo al gioco dell'uva e torni a casa?
 A casa con me, intendo.

730 GIORNI
DA QUANDO SEI ANDATO VIA

Due anni
due fottuti
anni
senza te
dentro di me.

«Beh, ciao anche a te».

751 GIORNI
DA QUANDO SEI ANDATO VIA

Qualche volta è importante fare silenzio per capire l'amore
per sentire cosa ne pensa il cuore
per sentire il suono del sangue che scorre
per sentire se ci stiamo frantumando
in tanti
piccoli
pezzi
per sentire se il dolore urla ancora
per sentire se è il momento di non urlare più.
Per sentire.
Ti va se ci sentiamo?
Anche se stiamo in silenzio
per capire l'amore
magari.

774 GIORNI
DA QUANDO SEI ANDATO VIA

Oggi sono svenuta e qualcuno mi ha portata in ospedale.

«Signorina, come si sente? Ha avuto un calo di zuccheri, ma non si preoccupi, tra qualche ora si sentirà meglio».

Non capiscono niente.
Quali zuccheri.
Io ho avuto un calo di te.

«Mettetemi il suo profumo nella flebo e nessuno si farà del male».

790 GIORNI
DA QUANDO SEI ANDATO VIA

Mi sento chiusa
in gabbia,
del nostro amore
quello che per me esiste ancora
ma per te no.
Lo so dove sono le chiavi
se volessi
potrei uscire ora
esatto
se volessi.
Mi sento più a casa nel tuo dolore che nell'amore di chiunque altro.

802 GIORNI
DA QUANDO SEI ANDATO VIA

Sono andata dall'otorino e mi ha chiesto cosa sento.
«La sua voce, continuamente».

Non c'è cura per l'amore.
Nessun dottore
nessuna scienza
sa come guarire.

Siamo attaccati da una pandemia perpetua e incurabile.
Moriremo tutti d'amore.

823 GIORNI
DA QUANDO SEI ANDATO VIA

Almeno ho imparato a piangere
a urlare
a soffocare il dolore
a sorridere per finta
a perdermi nel vuoto
a godermi il momento
a guardare il mondo
a non dare niente per scontato
a dormire da sola
a guardarmi allo specchio
a guardarti da lontano.
Almeno ho imparato a crollare.

839 GIORNI
DA QUANDO SEI ANDATO VIA

Era bello
perché
sul tuo cuore
c'era spazio per tutti i miei sorrisi.
Era così grande che avremmo potuto fare un picnic
sul tuo cuore.
Era così grande che mi sarei potuta trasferire lì
se solo fossi rimasto
solo qualche ora in più
o qualche anno
ci saremmo trasferiti insieme
sul tuo grande cuore.

848 GIORNI
DA QUANDO SEI ANDATO VIA

Sto tornando a respirare.
    Piano piano.
    Sto tornando.
    Sto rimettendo insieme i pezzi.
    Piano piano.

864 GIORNI
DA QUANDO SEI ANDATO VIA

In questi anni sarai andato da altre.
Altre che ti hanno accettato a metà
solo per non concederti intero a me.

Che avrò mai fatto per non meritarti?
Eppure sono sicura di averti amato con ogni parte di me.
Ti tenevo sempre la mano quando eri nervoso.
Ti sorridevo quando eri triste.
Ti dicevo cose carine quando eri scoraggiato.
Che avresti voluto di diverso da quello che abbiamo avuto noi?
Forse era troppo e ti ha messo paura.
Direi che preferisco pensarla così.

Quindi, facciamo che noi eravamo troppo per amarci per sempre.

880 GIORNI
DA QUANDO SEI ANDATO VIA

Non mi rompere
se ho sbagliato qualche verbo
o qualche accento
o qualche aggettivo.
Che m'importa di tutto questo quando ti amo così?
Dovrebbero inventare nuove parole per aiutarmi a descriverti.
Non ne ho trovate abbastanza per rendere a pieno l'idea.
Appena ci sarà qualche nuova parola cercherò di essere più chiara.

891 GIORNI
DA QUANDO SEI ANDATO VIA

Ah,
   comunque tranquillo
   va bene se non torni.

   Se poi vuoi tornare però
   è ancora meglio.

908 GIORNI
DA QUANDO SEI ANDATO VIA

Piano piano ho trovato il coraggio per piangere.
Ho detto a me stessa
che non mi sarebbe importato
il dove
il come
o il quando.
Ho detto a me stessa
che se le lacrime avessero sentito il bisogno di uscire
potevano farlo.
Ed è giusto così.

Non vorrei mai rischiare di annegare.
Meglio una lacrima in più che una morte per annegamento.

921 GIORNI
DA QUANDO SEI ANDATO VIA

Se l'amore è questo
morire ogni giorno
aspettandoti
allora
non voglio amare più.

E gli scrittori sono tutti bugiardi quando scrivono tutte quelle cose sull'amore.

«E vissero felici e contenti».
Ma io non sono felice
e tantomeno contenta.

Ricordami di non amarti più quando ti penso.

936 GIORNI
DA QUANDO SEI ANDATO VIA

Dov'è che precisamente hai deciso di fermarti?
Dove precisamente hai smesso di volermi?
In quale parte del mio corpo ti sei perso?
Dove precisamente hai smesso di credere in noi?
In quale frase?
In quale gesto?
In quale vita?

947 GIORNI DA QUANDO SEI ANDATO VIA

È stata colpa della tua ingenuità
del tuo essere
così
semplice
genuino
buono
dolce.
È stata colpa del tuo modo di mettermi i capelli dietro le orecchie
della tua calligrafia da prima elementare
delle tue dita sulla chitarra
della cioccolata per il mio compleanno
delle nostre foto spontanee
del tuo essere sempre bambino.
E delle tue dita al tabacco.
Ecco
forse la colpa più grande è stato quel profumo di tabacco
che nuoce gravemente al cuore.

960 GIORNI
DA QUANDO SEI ANDATO VIA

Che poi non m'importa se non torni più.

Basta che mi prometti una cosa:
qualsiasi donna entrerà nella tua vita, io rimarrò sempre la tua preferita.

981 GIORNI
DA QUANDO SEI ANDATO VIA

Quel tuo amico
    quello che ride come te
    quello che è riuscito a vedere
    come me
    la parte più bella di te.
    Mi ha detto che siamo simili.
    «Impossibile» ho detto.
    Se tu fossi stato simile a me ti avrei odiato.

Poi
però
dipende
da che punto di vista siamo simili.
Se parla di amore
probabile.
Amiamo allo stesso modo.

999 GIORNI DA QUANDO SEI ANDATO VIA

Valli a capire
i poeti.
Vai a capire cos'hanno in mente quando scrivono invece di piangere.
Vai a capire cosa frulla loro per la testa quando passano la notte con carta e penna.
Valli a capire quando amano a parole.

Alla fine un po' li capisco
devo ammettere.
E poi
dopo tutto questo dolore dovrò pur trarre qualche piacere, no?

Magari il mio dolore accompagnerà altri dolori e si sentiranno meno soli di quanto mi sia sentita sola io.

1010 GIORNI
DA QUANDO SEI ANDATO VIA

Sei l'inizio e la fine.
Sei l'inizio della vita e l'inizio della morte.
Sei la fine della vita e l'inizio della morte.

Il male e la cura.
Ma io non voglio guarire da te
non voglio dimenticarti
non voglio essere felice se non ci sei tu.
Voglio addolorarmi fino al giorno in cui tornerai a farmi sorridere.

1028 GIORNI
DA QUANDO SEI ANDATO VIA

Mi ricordo quando ti guardavo e rimanevo incantata senza dire una parola.

Paradossale per una che si crede una scrittrice, no?
Forse è proprio questo il colmo di chi scrive
trovare chi ti lascia senza parole.
E tu ci riuscivi spesso.
Soprattutto quando sei andato via.
Non ho parlato per giorni
dopo quel giorno.

Fortuna che poi le parole sono tornate.

1036 GIORNI DA QUANDO SEI ANDATO VIA

Una volta mi dicesti:

«Quando li scriverai leggerò tutti i tuoi libri».

Mi venne quasi da piangere.

Chi l'avrebbe mai detto che i miei libri li avresti scritti tu?

1051 GIORNI
DA QUANDO SEI ANDATO VIA

È stato difficile
a tratti impossibile
capire
come avrei potuto tornare a essere me
come avrei potuto smettere di camminare a ritmo del tuo battito cardiaco
come avrei potuto lasciar andare la parte di me che vive ancora con te
come avrei potuto tornare viva dopo che mi avevi ucciso.

1070 GIORNI
DA QUANDO SEI ANDATO VIA

Sono passati quasi tre anni e sono stufa di me, di non riuscire a fare quello che voglio senza che ci sia tu.

Sono passati quasi tre anni e sono stanca di fuggire. Ti ho amato per sempre anche se non ti amo più.

1084 GIORNI
DA QUANDO SEI ANDATO VIA

Ti ho amato come si ama il mare
come un artista ama la musica
come uno scrittore ama le parole
come un pittore ama le tempere.
Ti ho amato come si deve.
Ti ho amato com'era giusto che ti amassi.
Anche se ora non ti amo più, forse.

1095 GIORNI
DA QUANDO SEI ANDATO VIA

Tre anni
    tre fottuti
    anni
    senza te
    dentro di me.

    «Beh, *addio* anche a te».

DA LUI

«È la cosa più bella che abbia mai letto. Penso di non aver mai pianto per qualcosa di scritto. Credo che oggi sia la prima volta. Le tue parole sono decise, severe, toccanti e così maledettamente belle. Ho paura perché non so quello che pensi, non so se forse per chiudere definitivamente con me devi dirmi tutto.

Resta il fatto che quello che ho letto è dannatamente bello.

Fa strano, non mi hai detto nulla in questi anni e, ora, scopro come stavi.

Grazie per ogni parola».

AMORE
/a•mó•re/
cedere l'ultimo tiro di sigaretta
non importa quanto tu ne abbia bisogno

A LUI

Ciao, come stai?

Io bene.

Ora sì, sto bene e spero anche tu.

Chi l'avrebbe mai detto che ti avrei dedicato più di settemila parole?

Io no di certo, te l'assicuro.

Bando alle ciance.

Cercherò di essere chiara, anche se l'emozione potrebbe confondermi.

Per prima cosa vorrei dirti grazie, grazie per avermi fatto scoprire come si ama e come si soffre.

Grazie per avermi fatto scoprire che si può amare in mille modi diversi e nessuno è più giusto dell'altro.

Grazie per essere stato sempre te stesso.

Grazie perché forse, da oggi in poi, non avrò più paura di farmi chiamare “Fede”.

E grazie per avermi regalato un pezzo della tua vita.

Dopo questi anni
in cui ho pianto
ho riso
ho avuto paura
c'è una cosa fondamentale che ho capito: non voglio più nascondermi, non voglio più passare per chi non sono.

Voglio ridere, piangere, urlare, voglio essere me in ogni singolo gesto.

Perché solo essendo te stesso puoi davvero vincere.

Te lo assicuro.

Prendilo come il consiglio di una vecchia amica.

Sii sempre te stesso e non vergognarti mai di ciò che sei.

A chiunque dica che sei sbagliato, hai il diritto di urlargli un bel: «Chi se ne frega».

Di' a tuo padre che è giusto che tu sia chi vuoi essere e che non dev'essere arrabbiato perché non sei come avrebbe voluto lui.

Di' a tua madre che anche tu avevi bisogno di più coccole.

Abbi il coraggio e di' tutto, per te stesso e per chi ti sta intorno.

Soffri senza vergogna e ricordati che il mostro non lo puoi uccidere. E per evitare che lui uccida te, devi prenderlo per mano e camminare con lui. Fagli vedere che il mondo non è terribile come pensa lui.

Credi sempre in te stesso, anche quando sarai l'unico a farlo.

Amati in ogni modo e abbi cura di ogni tuo lato, anche quello più misterioso e nascosto.

Fa sempre quello che ti va di fare.

Ama tutti i tuoi amici, quelli veri intendo, e non nasconderti con loro. Sii un buon amico, sempre, e non dire mai male dell'amore.

In ogni caso, sarai sempre la mia storia nascosta.

Quando qualcuno me lo chiederà, racconterò di te sempre sorridendo.

Forse qualche volta scenderà una lacrima, non di tristezza, ma di gioia, gioia per aver avuto la fortuna di provare un amore così puro e genuino, che di questi tempi non è così scontato.

Racconterò che non c'è bisogno di stare insieme per sempre per amarsi davvero.

Racconterò che si può amare all'infinito anche per un giorno solo.

Racconterò, magari ai miei figli, che nessun amore è sbagliato.

Racconterò che "al cuor non si comanda" e questo lo so perché l'ho provato fino a dentro le ossa.

Racconterò che grazie all'amore e grazie anche a te sono quel che sono oggi.

Mi ricorderò che tu hai creduto in me come nessuno mai, che mi hai spinto a scrivere come nessuno mai, che mi hai fatto amare me stessa come nessuno mai.

Mi ricorderò i nostri giorni felici e tutto ciò che siamo stati.

E quando ci sarà un nuovo Lui sarò felice di amarlo, sapendo che l'amore non mi spaventa più.

Non esitare mai a chiamarmi quando ne avrai bisogno, anche solo per dirmi qualcosa di bello. Sarò sempre felice di esserci.

Ti voglio bene.

A LEI

A te
te che sei la sua Lei.
Amalo sempre così com'è.
Spronalo ogni giorno.
Non farlo mai sentire solo.
Tiragli fuori le parole di bocca quando sarà necessario.
Ascoltalo sempre e interessati dei suoi sogni, anche se sono folli.
Chiedigli come sta, tutti i giorni, o anche più spesso quando serve.
Fagli le coccole anche quando sarà vecchio.
Non si smette mai di aver bisogno d'amore.
Non essere gelosa del suo passato, perché è grazie a questo che ora è così.
Grazie al suo passato
ora ama te con tutto sé stesso.
Amatevi come Dio comanda e non smettete mai.

RINGRAZIAMENTI

Grazie a te, Giacomo, che hai creduto sempre in me e che mi rendi ogni giornata di pioggia un bel 15 agosto. Ti amo.

Grazie Caterina per essere l'amica migliore del mondo, per avermi dato tanti calci educativi, perché se sono qui è anche grazie a te.

Grazie Egle per aver sciolto ogni pezzo di ghiaccio che era incastonato nel mio cuore, sei stata la luce in fondo al mio tunnel.

Grazie Gaia per avermi sopportato ogni giorno fino a oggi.

Grazie ai miei fratelli, soprattutto a te Sara per non esserti mai lamentata quando facevo le cinque del mattino in camera per scrivere.

Grazie mamma e grazie papà per tutto quello che mi avete donato e insegnato.

Grazie nonni che siete l'esempio d'amore più bello di sempre.

Grazie Debora e grazie Gabriele per non aver mai fatto mancare il buon umore; grazie a voi, a Tommaso e al piccolo fagiolino per aver portato luce nelle nostre vite. (Sono la zia più felice del mondo).

Grazie a tutti i miei amici, quelli delle bevute, quelli del divertimento e quelli dei pianti fino al mattino.

Grazie Antò per avermi dato coraggio, potrai dire che tu c'eri.

Grazie Ga per le parole crude, ma sempre giuste.

Grazie Ester e grazie Livia per essere quello che siete.

Grazie a voi, se mai leggerete tutto questo, anche solo una pagina, anche solo una riga.

E infine, grazie a te, che già sai tutto.

Instapoeti (brand del Gruppo Alise Editore) è la più grande community degli scrittori del web in Italia. La nostra pagina Instagram (@instapoeti) conta oggi più di duecentomila follower e il nostro hashtag (#instapoeti) ha superato i diecimila post.

«Se non respiri attraverso la scrittura, se non piangi nello scrivere, o canti scrivendo, allora non scrivere, perché alla nostra cultura non serve».

— Anaïs Nin

I nostri libri fanno bene al pianeta

Grazie alla partnership con Treedom, ogni volta che diamo alle stampe una pubblicazione piantiamo un albero, è il nostro modo di ringraziare la natura. Ricorda che mentre leggi un'opera del Gruppo Alise Editore c'è un albero, da qualche parte nel mondo, che porta il titolo del libro.

Pubblicato con amore e passione
in memoria di Armando Caiazzo

Finito di stampare
nel mese di luglio 2020
presso Rotomail Italia S.p.A. – Vignate (MI)